Titel-Illustration: © トラノスケ / fotolia.com
Umschlag-Gestaltung: Reiner Wallbaum, www.elbeeichhorn.com

Verwendete Schriften: Dancing Script (Impallari Type), Entypo (Daniel Bruce), Georgia, Modern Pictograms (John Caserta)

Herausgeberin: Petrina Engelke, 146 E 98th St, New York, NY 10029, USA
www.mamafragen.com

Petrina Engelke

Mama! Noch Fragen?

Mein erstes Jahr als Mutter

ein Antwortbuch

Über dieses Buch

„Mama! Noch Fragen?“ ist wie eine gute Freundin. Sie begleitet dich durch die ersten 52 Wochen mit dem Baby. Von Anfang an, jede Woche bis zum ersten Geburtstag fragt sie, wie es dir eigentlich geht. Während alle Welt (und du selbst) meistens nach dem Baby* fragt.

* Na gut: Im Buch fängt jede Woche mit einer Babyfrage an. Und Fotos macht ihr beide auch ab und zu. Nicht dass am Ende jemand heult.

Für jede Woche findest du eine Doppelseite mit einigen Fragen und viel Platz zum Antworten – dort wächst deine persönliche Mama-Geschichte. Ob du dein Buch nun nebenher beim Stillen schreibst oder daraus einen Moment ganz für dich allein machst: Mit deinen Antworten schaffst du Erinnerungen, Klarheit über dein neues Leben als Mutter – und es gibt etwas zu Lachen.

Jetzt willst du deine Gedanken aber auch teilen? Dann verabrede dich doch mit Freundinnen zum Blättern. Oder schau auf der Website zum Buch vorbei. Dort findest du nicht nur einen Blog, sondern auch mehrere Möglichkeiten, mit anderen Müttern Ideen zu tauschen – und neue Fragen auszudenken.

www.mamafragen.com

So viele Glückwunschkarten waren an das Baby adressiert:

Drei Dinge, zu denen ich mich selbst beglückwünschen kann:

1. DAS WUNDERBARSTE BABY

2. DEN TOLLSTEN BABY-PAPA

3. EINE KLEINE WUCHTBRUMME 10 TAGE ÜBERTRAGEN UND NATÜRLICH ZUR WELT GEBRACHT

Ach, kennen wir uns nicht? Über diese Überraschungsgratulantinnen habe ich mich besonders gefreut:

FRAU HAMM (KUNDIN APOTHEKE)
SCHOLLBROCKS

Was war der ausgefallenste Glückwunsch?

Woche 1, Datum: 16.12.14

Woche

Wir Eltern haben so viele Glückwunschkarten zur Geburt bekommen:

Wenn ich mir jetzt noch etwas wünschen dürfte, wäre es:

~~a)~~ noch mehr Glück geht doch gar nicht!
b) Weltfrieden.
c) ein Embargo für ungebetene Ratschläge. Ha!

…

Vielleicht noch eine Stunde mehr Schlaf :)

Wofür hat Babys Vater sich einen Orden (oder zumindest ein dickes Dankeschön) verdient?

Babys Nasenform:

★ Ich hatte genau den richtigen Riecher, als

a) ich den Wäschetrockner bestellte. Wie ging das nur ohne?
b) meine beste Freundin zur besten Freundin wurde. So schöne Geschenke!
c) ich Babys Vater traf. Natürlich sagt jede Mutter, ihr Baby sei das schönste. Aber bei mir stimmt's!

✎ ...

★ Lecker, atemberaubend, seltsam: Welche Gerüche habe ich jetzt erst kennengelernt?

Woche 2, Datum:_____

Woche

Meine Nasenform:

★ Geh mir bloß weg! Wen ich im Moment nicht riechen kann:

★ Warum eigentlich nicht?

★ Einfach immer der Nase lang! Wann hat sich dieser Weg für mich in letzter Zeit als super Idee erwiesen?

So oft habe ich dem Baby heute die Windeln gewechselt:

Diese Verdauuungsgeschichte will ich mir fürs nächste Kind (oder als Ratgeberin) merken:

Wenn Babys Vater wickelt,

a) macht seine Perfektion mich neidisch.
b) ich lasse den doch nicht da ran!
c) macht er alles anders, aber es zählt ja das Ergebnis.

…

Woche 3, Datum:______

Woche

Das finde ich gerade richtig besch...eiden:

Hierfür hätten meine Eltern mich früher windelweich gehauen:

So, nun bin ich also endlich erwachsen. Nur hierbei mache ich mir immer noch in die Hose:

Woran merke ich, dass ich inzwischen Profi-Windelwechslerin bin?

Vergleich der

Babys Ohren ähneln:

Oh! Das höre ich aber gern:

Da vergeht einem ja Hören und Sehen! Was ist mir im Moment viel zu viel?

Ich horche sofort auf, wenn ...
a) das Baby anders atmet.
b) es neuen Klatsch aus der Nachbarschaft gibt.
c) Babys Vater etwas murmelt, das wie „Urlaub“ klingt.

...

Woche

Meine Ohren ähneln:

Auf diese Menschen höre ich aus gutem Grund:

Ohrenvergleich! Halte mit dem Baby die Köpfe zusammen, so dass man die Ohren gut sehen kann – den Gesichtsausdruck darfst du dir aussuchen. Knips!

Vergleich der

Wobei das Baby in dieser Woche am lautesten schrie:

Zu welchen drei Themen mache ich derzeit immer die Klappe auf?

1.

2.

3.

Bin ich zufrieden mit der Kommunikation in meinem Leben?

Hilfe? Feuer? Babyalarm? Was ich am besten schreien sollte, wenn mir das Baby und die halbe Welt über den Kopf wächst:

Woche 5, Datum:_____

Woche

> **Hier hätte ich schreien können:**

Wer hat mich diese Woche angerufen?

Diese Leute könnte ich vielleicht selbst einmal wieder anrufen:

Ich habe es gern laut, wenn
a) ich weit, weit weg von dem Krach sein darf.
b) der Rauchmelder Grund zum Alarm hat.
c) Was soll das heißen, wenn?? Ich bin eine leidenschaftliche Frau!

...

So oft ist das Baby ist heute Nacht aufgewacht:

Schlafen wäre ein Traum. Was hat sich bei mir als Notrezept gegen akutes Augenzufallen bewährt?

In dieser ungewöhnlichen Situation hat das Baby einfach geschlafen:

Was hat mich selbst unter schlimmstem Schlafentzug mindestens zu einem milden Lächeln verführt?

Woche 6, Datum:_____

Woche

So viele Stunden habe ich heute geschlafen:

Beim nächsten Mal wird alles anders! Das habe ich bei all der Planung vor der Geburt total verpennt:

Das kann ich doch im Schlaf:

a) meinen Partner um den kleinen Finger wickeln.
b) das kleine Einmaleins.
c) im Moment einfach alles – notgedrungen!

...

Für das Baby gab es bisher folgende Kuscheltiere als Geschenk:

❤ Kuscheltiere nutze ich nicht mehr so wie damals. Aber es gibt Ersatz! Nämlich:

❤ Hierbei mache ich Geräusche wie eine Quietscheente:

a) Wenn ich meine Freundinnen treffe.
b) Na, in der Wanne natürlich!
c) Ich quietsche nicht. Ich schnarche aber ganz schön!

✎ ...

❤ Vorsicht, Kratzbürste! Mütter fahren halt schon mal die Krallen aus. Wann geht das bei mir geht das wie auf Knopfdruck?

Woche

Ich erinnere mich an die folgenden Kuscheltiere aus meiner Kindheit:

❤ Bei welcher kniffligen Baby-Aufgabe bin ich längst ein alter Hase (und wie kriege ich das hin)?

❤ Harter Kerl ganz weich ... In diesen Momenten ist Babys Vater sofort zum Kuschelbär geworden:

Vergleich der

Babys Strumpfhosenlänge:

🏆 Die letzte Gelegenheit, bei der ich mich so richtig schick gemacht habe:

🏆 „Hast du abgenommen?" – „Nee, nur geschickt angezogen." Das steht mir jedenfalls im Moment besonders gut:

🏆 Ein stets gepflegtes Äußeres ist

a) ein Zeichen guter Kinderstube.
b) eine Erfindung der Werbeindustrie.
c) mir nicht so wichtig. Meine inneren Werte könnte ich allerdings mal wieder polieren.

✏ ...

Woche 8, Datum:_____

Woche

Meine Strumpfhosenlänge:

Putz das Baby und dich piekfein heraus. Babys Vater verdonnerst du am besten auch noch dazu. So ein Sonntagsfoto sollte in keiner Familie fehlen. Es muss ja nicht gleich auf den Kaminsims.

Wenn heute Silvester wäre, hätte ich diesen guten Vorsatz für den Umgang mit dem Baby:

★ So ein Baby verändert echt alles – sogar meinen Dickkopf! Diese völlig neue Sache will ich in diesem Jahr unbedingt ausprobieren:

★ Dem Baby wünsche ich alles erdenklich Gute, ist doch klar. Aber da war doch noch was? Oh, Babys Vater. Was soll er sich jetzt gern mal gönnen oder erfüllen?

★ Wo ich schon beim Wunschkonzert bin: Das soll zwischen ihm und mir ganz anders laufen:

Woche 9, Datum:_____

Woche

Und das nähme ich mir für mich selbst vor:

★ Jetzt mal unter uns: Vor der Geburt hatte ich ja keine Ahnung! So was hab ich mir zum Beispiel vorher fürs Muttersein gewünscht ...:

★ ... und so denke ich darüber in dieser Woche:

★ Was würde ich bei einem zweiten Kind anders machen?

Babys Brustumfang:

Unentschlossen? Ich? Nun ja. In dieser Frage schlagen gerade zwei Herzen in meiner Brust:

Bei welchem Gedanken schwillt mir die Brust vor Stolz?

a) Ich habe ein Seepferdchen-Abzeichen!
b) Da reicht ein Blick in den Spiegel.
c) Andere Menschen verlassen sich auf mich. Zu recht.

…

Woche 10, Datum:_____

Woche

Mein Brustumfang:

- Womit kann sich Babys Vater vor mir gar nicht genug brüsten?

- Noch nie hab ich so viel mit meinen Brüsten zu schaffen gehabt. Was finde ich an ihnen superschön?

- Okay, ich gebe es zu: Seit ich Mutter bin, bleiben Dinge liegen. Aber diese Sache werde ich mir jetzt mal zur Brust nehmen:

Vergleich der

Was das Baby beim Aufwachen macht:

- Ich weiß nicht, ob ich mir früher auch solche Art Sorgen gemacht habe. Vor diesem bösen Erwachen habe ich jetzt jedenfalls Angst:

- Und das ist Unsinn, weil:

- So, jetzt wollen wir mal sehen, wie arg die Stilldemenz mir zusetzt: Gedächtnisprobe! Die letzte Uhrzeit, auf die ich den Wecker gestellt habe (und wann das war):

Woche 11, Datum:_____

Woche

Was ich beim Aufwachen mache:

Welches Erlebnis mit dem Baby hat mir die Augen über mich selbst geöffnet?

Zum perfekten Morgen gehört für mich ...

a) der erste Blick auf meine Lieben.
b) Frühstück im Bett. Und ich meine jetzt nicht Stillen.
c) viel, viel Kaffee. Na, gibt's ja bald wieder.

...

Für das Baby habe ich damit ein richtiges Schnäppchen gemacht:

- Geschenke kann es gar nicht genug geben? Das denke ich inzwischen über all die Babysachen:

- Mit welchen drei Mädels will ich mal wieder ausgiebig shoppen gehen?

- Das brauchst du als Mutter unbedingt. Habe ich gedacht. Haben alle gesagt. Welche Anschaffung hat sich trotzdem als unnütz entpuppt?

Woche 12, Datum:_____

Woche

Mein jüngster Erfolg beim Einkaufen:

Was besorgt Babys Vater immer für uns?

Einkaufen mit Kind ist Aufwand – was man da alles einpacken muss! Zeig auf einem Bild, wie das von statten geht: Mach einen Haufen aus all den Dingen, die du mitnimmst!

Babys Kopfumfang:

❤ Pssst, jetzt werde ich mal ganz privat! Ein Detail, das mir am Kopf von Babys Vater gefällt:

❤ Diese Info bekomme ich einfach nicht in meinen Kopf:

a) Wie viele Milliliter sind ein Achtelliter?
b) Meine Bankkarten-PIN. Aber es ist ja eh nichts auf dem Konto.
c) Wohin ich die Haustürschlüssel gelegt habe.

✎ ...

❤ Was ruft mir das Baby immer wieder in den Kopf?

Woche 13, Datum:_____

Woche

Mein Kopfumfang:

❤ Was weiß ich eigentlich noch von der Schule?

❤ Doof bin ich ja nun echt nicht. Doch diese Dinge möchte ich in diesem Jahr noch lernen:

❤ Beeindruckend! Welcher Mensch geht mir nicht aus dem Kopf und warum?

Vergleich der

Babys Laune an der frischen Luft:

- Wobei musste ich diese Woche erst mal tief durchatmen?

- So, jetzt hab ich aber richtig hingeschaut. Was mir unterwegs diese Woche aufgefallen ist:

- Von wegen Luft und Liebe! Damit ich was in den Magen bekomme, habe ich diese schnellen Lösungen auf Lager:

Woche

Meine Laune an der frischen Luft:

Wenn Babys Vater mit dem Kinderwagen draußen ist, mache ich

a) ein Nickerchen.
b) mir Sorgen. Aber das sage ich natürlich nicht.
c) den Fernseher an. Was auch auf ein Nickerchen hinausläuft.

...

Hallo, ich bin auch noch da! Was hilft mir sofort gegen das Gefühl, als Mutter irgendwie außen vor zu bleiben?

So viele Kinder hat das Baby schon getroffen:

Mit mir kann man doch reden! Worüber rede ich mit anderen Müttern meistens?

Beim Gedanken an Babygruppen

a) freue ich mich auf meine neuen Freundinnen.
b) halte ich mich daran fest, dass es ja gut fürs Kind ist.
c) fällt mir der ganze Tratsch über diese eine Mutter wieder ein.

…

Woche 15, Datum:_____

Woche

So viele Leute habe ich mit dem Baby kennen gelernt:

Was sehe ich gern, wenn meine Eltern mit dem Baby zusammen sind?

Klar bin ich gesellig! Mir fehlen mir bloß noch die passenden Leute ... und zwar für das hier:

Fremdgehen? Ich doch nicht. Aber das fand ich an einem fremden Baby dann doch supersüß:

Babys Fußlänge:

★ Wenn ich auf richtig großem Fuß leben könnte,
a) hätte ich einen Chauffeur.
b) bräuchte ich einen neuen Schuhschrank.
c) würde ich die ganze Welt bereisen. Mit Kinderwagen!

✎ ...

★ *Wie viele Paar Schuhe wird das Kind in seinem Leben wohl tragen?*

★ Wenn ich nicht gerade das Buch auf dem Schoß hätte, würde ich vor Freude hüpfen! Das läuft derzeit in meiner Beziehung nämlich richtig gut:

Woche 16, Datum:_____

Woche

Meine Fußlänge:

★ Echte Teamarbeit! Hier hatte ich mit dem Baby einen tollen Auftritt:

Mach ein Bild von euren nackten Füßen – mit einem Häuflein voller Lieblingsschuhe daneben.

So lange hat das Baby heute geschlafen:

Von wegen Teetrinken und Lesen! Was ich mir am Lebensrhythmus mit Kind ganz anders vorgestellt hatte:

Woran habe ich diese Woche vor dem Einschlafen oft gedacht?

Huch, wie lange starren meine müden Augen schon an die Wand? Wobei ich mich ertappe, wenn ich mal zwei Minuten Pause habe:

Woche 17, Datum:_____

Woche

So lange hab ich heute geschlafen:

☽ Ach, das Baby hat ja zum Glück noch Zeit bis zum Schulabschluss. Aber was plane ich für meine berufliche Zukunft?

☽ Welche drei Dinge machen mir am Muttersein so richtig Spaß?

1.

2.

3.

Babys Lieblingstageszeit:

Als Mutter merke ich: Der frühe Vogel

a) ist der, dem ich vergeblich hinterherrenne.
b) trifft die falschen Entscheidungen.
c) fängt den Wurm. Wenn nicht, brüllt der Wurm erbärmlich!

…

Ja, wo ist sie denn (geblieben)? Situationen, in denen mir im Moment die Zeit davonläuft:

Woche 18, Datum:_____

Woche

Meine Lieblingstageszeit:

Es gibt sie nämlich doch, diese harmonischen Familienmomente, wo alle mitspielen. Zu welcher Zeit ist zum Beispiel Babys Vater am besten drauf?

Gefunden, erkämpft, zur Not geklaut ... Wofür werde ich mir nächste Woche mal Zeit nehmen?

Diese drei Dinge kann ich im Moment gut abends machen:

1.

2.

3.

Vergleich der

Babys Zeigefinger-Länge:

❤ Wenn kinderlose Freundinnen mir mit dem Baby helfen,

a) reichen sie mir nur den kleinen Finger. Ich will aber die ganze Hand!
b) drehe die mir am Ende eine lange Nase.
c) sollen sie sich erst mal die Hände waschen!

✎ ...

❤ Autsch! Mit dieser Bemerkung legt Babys Vater derzeit bei mir den Finger in eine Wunde:

❤ Ich bin Mama, nicht Basteltante! Wobei habe ich mich trotzdem als fingerfertig erwiesen?

Woche 19, Datum:_____

Woche

Meine Zeigefinger-Länge:

♥ Okay, okay, manchmal dauert es, bis der Groschen fällt. Aber jetzt mal scharf nachgedacht: Was war für mich in letzter Zeit ein Fingerzeig?

♥ Es kommt ja leider nicht alles gut an, was aus meinem Kopf rauskommt. Aber für diese Idee bekam ich kürzlich den erhobenen Daumen:

Bei dem Anblick fängt das Baby an zu schreien:

👁 In letzter Zeit fällt mein Blick oft auf

a) meinen Hintern. Sieht schon wieder spitze aus!
b) Kunst. Noch kann sich das Baby ja nicht dagegen wehren, wohin ich es schleppe.
c) den Wäscheberg. Hätte schwören können, dass ich erst gestern ...

✎ ...

👁 Na klar bin ich eine total konsequente Frau! Abgesehen von den Ausnahmen natürlich. Wobei drücke ich immer ein Auge zu?

👁 Irgendwie sehe ich die Welt schon anders, seit das Baby da ist. Dafür hat mir das Muttersein den Blick geschärft:

Woche 20, Datum:_____

Woche

Das will ich nicht sehen:

Mach ein Bild von etwas, bei dem das Baby anfängt zu schreien. Und arrangiere dazu einen Gegenstand, den du im Moment selbst nicht gern siehst oder der dich an etwas Unangenehmes erinnert. Klick! Und dann lach drüber.

Damit macht das Baby mir viel Arbeit:

- Irgendwoher muss die Kohle ja kommen. Aber bei freier Auswahl ... würde mir diese Art Arbeit total Spaß machen:

- Es ist ganz schön still geworden in meinem Flurfunk. Darüber habe ich zuletzt mit den (ehemaligen) Kollegen gesprochen:

- Und mit dieser Anekdote aus meinem Familienleben könnte ich selbst kinderfeindliche Kollegen zum Schmunzeln bringen:

Woche 21, Datum:_____

Woche

Damit mache ich mir selbst (zu) viel Arbeit:

So, jetzt aber mal ins Karrieremama-Kostüm geschlüpft! Was ist meine größte Hoffnung für meine berufliche Zukunft?

Wenn Babys Vater von der Arbeit kommt,

a) hab ich Feierabend – er schnappt sich ja sofort das Baby.
b) finden wir ganz schnell einen Anlass zum Streiten.
c) bringt er mir eine Überraschung mit: Pommes oder Pizza?

…

Will ich leben, um zu arbeiten oder arbeiten, um zu leben?

Babys Bauchumfang:

Über die körperlichen Veränderungen durch die Schwangerschaft denke ich inzwischen

a) mit Wehmut. War schön, wie rührend sich alle um mich gekümmert haben.
b) voller Erleichterung, dass ich das hinter mir habe.
c) gar nicht nach. Bin immer noch komplett hormongesteuert.

…

Jetzt nur nicht den Anschluss verpassen! Auch als Mutter weiß ich, ob Bärlauch in Mode ist oder New York-Diät oder dieses Gebäck, wie hieß es noch gleich? Na ja gut. Aber den folgenden Essens-Trend finde ich reizend – im Restaurant, in der Küche oder nur in meiner Fantasie:

Woche 22, Datum:_____

Woche

Mein Bauchumfang:

Von wegen Friede, Freude, Eierkuchen! Das bereitet mir im Moment Bauchschmerzen:

Warum ist die Frage „Findest du mich zu dick?“ eigentlich so heikel?

Ooooh, lecker! Womit mag sich derzeit unser ganzer Haushalt (na ja, außer dem Baby) den Bauch voll schlagen?

Vergleich der

Babys Größe:

„Kind, bist du aber groß geworden!“ Was hat das früher genervt. Ist aber was dran. Woran merke ich zuerst, dass das Baby größer geworden ist?

Das Baby ist ganz schön ... siehe oben. Bin ich mitgewachsen? Das war mein Gefühl, als ich es zum ersten Mal für ein paar Stunden weggegeben habe:

Ha! Von wegen „Kleine“! Dabei habe ich letztens echte Größe bewiesen:

Woche 23, Datum:_____

Woche

Meine Größe:

Wenn ich mit anderen Müttern über Baby-Entwicklungen spreche,

a) versuche ich eigentlich immer nur Babykleider von den Größeren zu ergattern.
b) würde ich mein Baby am liebsten in die Länge ziehen, um mitzuhalten.
c) freue ich mich über all die klugen Ratschläge. Besonders meine eigenen.

…

In welchem Moment als Mutter habe ich mich auf einmal schrecklich erwachsen gefühlt?

Babys Lieblingsschmusetier:

♥ Wie sähe ein Kuscheltier aus, das meiner derzeitigen Grundstimmung entgegenkäme?

a) ein Bärchen. Das würde meinen Drang nach Süßem verstehen. Finger weg, das ist mein Honig!
b) ein Zottelmonster. Das findet es in Ordnung, ungekämmt aus dem Haus zu gehen. Nicht dass ich es mitnähme!
c) ein Stummfilmstar. Bedient meine romantische Ader und hält die Klappe. Hey, von Slapstick war nicht die Rede!

✎ ...

♥ Ja, manchmal fühle ich mich nicht wohl in meiner Haut oder habe tausend Dinge im Kopf. Aber in diesen Momenten gehe ich sofort auf Schmusekurs:

Woche 24, Datum:_____

Woche

Mein kuscheligstes Kleidungsstück:

❤ Patsch, auf die Brust, stups, Nase in der Halskuhle: Babys haben viele Möglichkeiten, ihre Mutter zu berühren. Meins macht derzeit oft:

📷 📷 📷

Trommle die Familie zusammen und mach ein Bild beim Kuscheln – mit sämtlichen Schmusetieren!

Zeit, zu der das Baby heute gebadet hat:

★ Die Skala reicht von Wasserscheu bis Wasserschlacht: Was ist Babys aktuelle Einstellung zum Baden?

★ Für manche Sachen gibt es nur einen einzigen Ort. Das mache ich heimlich im Bad:

★ Ob mit oder ohne Kerzen: Wann habe ich zum letzten Mal mit Babys Vater gebadet?

Woche 25, Datum:_____

Woche

Zeit, zu der ich heute geduscht/gebadet habe:

★ So entspannend wie ein heißes Bad ist für mich:

a) dem Baby zuzuschauen, wie es eine Weile ganz alleine spielt.
b) eine Schultermassage. Deshalb lasse ich diese Seite hier jetzt mal „versehentlich“ aufgeschlagen.
c) mit einer Freundin über ganz alltägliche Dinge zu quatschen.

✎ ...

★ Immer diese Herausforderungen als Mutter! Wo hatte ich ganz zu Unrecht vorher das Gefühl, damit würde ich baden gehen?

Dieses Lied mag das Baby besonders gerne:

♪ Stille war früher. Musikgeschmacks-Snobismus auch. Diese Lieder habe ich in der letzten Woche für das Baby gesungen:

♪ Hiermit könnte ich Babys Vater von einem Konzert- oder Tanzabend überzeugen:

a) Verführung. Wenn ich dieses eine Kleid anziehe, folgt der mir überallhin.
b) Erpressung. Es gibt da so einiges, was ich seinen Freunden erzählen könnte.
c) Tauschhandel. Er hat ja schließlich auch so seine Steckenpferde.

✎ …

Woche 26, Datum:_____

Woche

Bei diesem Lied habe ich mich zuletzt beim Mitsingen ertappt:

♪ Welches Kinderlied kommt mir zu den Ohren raus?

♪ Ich dachte, das Muttersein verändert alles. Aber wenn ich ehrlich bin, ist diese Sache bei mir immer das gleiche, alte Lied:

♪ *Ändert Musik meine Stimmung?*

Das Baby hat deshalb unheimlich Theater gemacht:

- Ach, lass uns doch mal die Rollen tauschen! Manchmal wäre ich gern wie diese Figur aus dem Theater oder Film:

- Geld, Applaus, schöne Kleider: Irgendwo müssen sich doch Parallelen finden! Wo versteckt sich ein Stück Hollywood in meinem Leben?

- Wovon hätte ich nicht gedacht, dass es in meinem Leben als Mutter so eine große Rolle spielen würde?

Woche 27, Datum:_____

Woche

Mein letzter dramatischer Auftritt war wegen:

Mein Leben gleicht derzeit einer Komödie, wenn

a) ich morgens versuche, mich frischzumachen. Slapstick!
b) Babys Vater und ich mal wieder aneinander vorbeireden. Das ist eine Farce!
c) ich mit kreischendem Baby im Verkehr feststecke. Leider sind solche Szenen nur in Klamaukfilmen witzig.

…

In welcher Situation finde ich es vertretbar, anderen etwas vorzuspielen?

Basta! Solche Patzer sind in Zukunft für mich kein Drama mehr:

Das kann das Baby schon erkennen:

◉ Ich bin doch kein Hund! Aber diese Menschen erkenne ich an ihrem Gang:

◉ „Aber sie geben so viel zurück", erzählen sie über das Muttersein. Na, diese Leute sollten mal das hier mit einem Baby durchmachen:

◉ Täusche ich mich oder ...

a) könnte der Boden mal wieder gewischt werden?
b) ist es Zeit für einen Kaffeeklatsch?
c) hat meine Mutter viel zu oft Recht?

✎ ...

Woche 28, Datum:_____

Woche

Meine wichtigste Erkenntnis der Woche:

„Aber ich dachte …“ – diesen Satz kenne ich eigentlich von anderen. Wo hat mir meine Wahrnehmung einen Streich gespielt?

Mach ein Bild von allen Dingen, die das Baby erkennt. Zu viele? Dann nimm die ungewöhnlichen. Plus eins, das du jetzt erst wiederentdeckt hast.

Babys aktuelle Haarfarbe:

★ In welcher Hinsicht ist mein Leben als Mutter gerade etwas farblos?

★ Zeit zum Haare waschen? Fehlanzeige. Aber diese Schönheitsprozedur kriege ich immer noch unter:

★ Was ich gerne in einer anderen Farbe hätte:

a) meine Sofakissen. Rotweinfleckenrot war früher mal praktisch, aber Babykotze fällt darauf total auf.
b) den Himmel. Bunte Dauerwolken würden doch viel freundlicher aussehen.
c) meine Zähne. Dann würde mein weißes Strahlen helfen, abends das Türschloss zu finden.

✎ ...

Woche

Meine aktuelle Haarfarbe:

★ Vielleicht macht Muttersein in manchen Dingen weicher, aber das hat Grenzen! Wo müsste ich echt mal Farbe bekennen?

★ Tolle Haare! Aus Komplimenten kann man jede Menge lernen. Zur Not hilft auch ein Spiegel: Welche Frisur steht mir besonders gut?

So oft hab ich das Baby heute gähnen sehen:

☽ „Dinner for One" fand ich immer sooo langweilig. Jetzt sehne ich mich ... nein, zwar nicht danach, aber nach dieser Art Langeweile:

☽ Wenn ich mal hellwach wäre, würde ich
a) ins Fitness-Studio gehen und mich müde trainieren.
b) allen anderen fürchterlich auf die Nerven gehen.
c) Spanisch lernen, Kuchen backen, Steuerformulare ausfüllen – huch, jetzt bin ich wach.

✎ ...

Woche

So oft hab ich heute gegähnt:

Was hab ich mich dafür abgehetzt. Aber diese Anschaffung war eigentlich keinen müden Cent wert:

Okay, Babys sind gar nicht nur süß und spannend. Diese drei Aufgaben als Mama finde ich zum Gähnen:

1.

2.

3.

Achtung, Aufschieberitis! Hierbei werde ich nächste Woche keine Müdigkeit vorschützen:

Was das Baby macht, wenn es mich ein paar Stunden nicht gesehen hat:

Falscher Film?! Hier habe ich mich als Mutter überhaupt nicht willkommen gefühlt:

Kommt Wiedersehensfreude automatisch, wenn man sich lange nicht gesehen hat?

Diesen Begrüßungscocktail (im übertragenen Sinne) halte ich derzeit für für Babys Vater bereit:

Woche

Was ich mache, wenn ich das Baby ein paar Stunden nicht gesehen habe:

Schön, dich zu sehen! Diese Begrüßungsgesten gefallen mir:

a) Um den Hals fallen. Ich muss mir nur endlich mal merken, meine Kleider vorher auf Babysabber zu prüfen.
b) Nasereiben. Führt zu herrlich entgeisterten Gesichtern.
c) Hofknicks. Das hat aber mit dem hiesigen Protokoll zu tun, nicht mit meinen Vorlieben. Ehrlich!

…

Von wegen bucklige Verwandtschaft! Womit hat mir ein Familienmitglied in letzter Zeit einen warmen Empfang bereitet?

So oft hat das Baby heute gelacht:

❤ Nichts zu lachen hat man mit mir, wenn
a) man meinem Baby einfach so ins Gesicht fasst. Wenn ich das mal umgekehrt täte!
b) ich herausfinde, was hinter meinem Rücken über mich geredet wird.
c) man mich im Bad stört. Wozu heißt es „stilles Örtchen“?

✎ ...

❤ Prust! Welche Baby-Anekdote aus der letzten Zeit bringt mich immer noch zum Kichern?

Woche

So oft habe ich heute gelacht:

❤ Also manchmal bin ich echt ein bisschen empfindlich! Hierbei vergeht mir im Moment zu schnell das Lachen:

Mach ein Bild von Dingen, die dich und das Baby (jeweils) zum Lachen bringen. Und bloß keine Angst vor Albernheiten!

So viele Fotos vom Baby gab's letzten Monat:

Seltsamerweise haben mich all die Hormone nicht allwissend gemacht – manchmal ist das Baby mir echt ein Rätsel. Wovon will ich mir diesen Monat mal ein Bild machen?

Babybilder im Telefon oder in der Brieftasche ...

a) sollten bis zur dritten Generation Vorschrift sein. Da fällt mir ein, Schwiegermama braucht Nachschub!
b) machen Smalltalk leichter. Damit kenne ich mich eben besser aus als mit dem Wetter.
c) finde ich albern und peinlich. Abgesehen von denen meines Babys natürlich.

...

Ist das Leben eine Show?

Woche 33, Datum:_____

Woche

So viele Fotos von mir gab's letzten Monat:

„Bitte recht freundlich" ist ja nun nicht alles. Welche Kleidungsstücke machen mich im Moment bildhübsch?

Was denkst du eigentlich von mir?! Hierbei hatte Babys Vater offenbar ein anderes Bild von mir als ich:

In welchem Moment hatte ich zuletzt das Gefühl, wir sind eine Bilderbuchfamilie?

So viele Zähne hat das Baby:

★ Nach außen hin sieht das bestimmt alles ganz einfach aus. Aber danach gehe ich im Moment echt auf dem Zahnfleisch:

★ Meine Familie beißt auf Granit, wenn

a) es ein hässliches Geschenk fürs Baby geben soll. Da übe ich Zensur.
b) ich Zeit für mich haben will. Von meiner guten Laune nach einer kleinen Auszeit profitieren alle. Basta!
c) mir altmodische Erziehungsmethoden aufgedrängt werden. Da lächle ich – und tue das Gegenteil.

✎ ...

Woche 34, Datum:_____

Woche

So viele Zähne habe ich:

★ Verflixt und zugenäht! Diese Lieblingsklamotten von mir beißen sich leider:

★ Kerl, ist der langsam! Wobei könnte Babys Vater ruhig einen Zahn zulegen?

★ Mal sehen, ob es stimmt, dass Mütter viel zäher sind als andere Menschen: Drei Dinge, durch die ich mich in diesem Monat durchbeißen werde:

1.

2.

3.

Meine Schwiegereltern entzückt an ihrem Enkel:

❤ Potzblitz! Was hat mich vor kurzem in Erstaunen versetzt?

❤ Babys Vater gefällt an mir besonders

a) jede Form von Mütterlichkeit. Und zwar wenn ich ihn bemuttere – der Träumer!
b) meine Klugheit, sagt er. Aber dass ich wirklich alles besser weiß als er, das muss ich immer vertuschen.
c) Meine Kreativität. Nicht dass er Sinn für Dekoration hätte. Aber ich habe auch Ideen ... psst, nicht jugendfrei!

✎ ...

❤ Bärchen, Herzchen, Schleifchen: Wo geht mir die Niedlichkeit zu weit?

Woche 35, Datum:_____

Woche

Das entzückt mich an meinen Schwiegereltern:

❤ Babys sind Trendsetter – für sich selbst jedenfalls. Auf welche drei Dinge fährt mein Baby gerade voll ab?

1.

2.

3.

❤ „Toll, ganz reizend“ sagen – oder diese fabelhafte Geste mit der Hand: Jeder macht es anders. Was ist für mich der schönste Ausdruck für Begeisterung?

❤ Zu welchem Anlass habe ich ihn zuletzt benutzt?

Vergleich der

Babys Haarlänge:

Von wegen Supermama und Baby Supersüß! Was finde ich im Umgang mit dem Baby derzeit haarig?

Genauso wichtig wie eine perfekte Frisur

a) ist das perfekte Haus, der perfekte Mann, das perfekte Kind. Wenn man auf Langeweile steht.
b) sind gepflegte Nägel. Im Sarg.
c) Ist doch egal, wie die Haare liegen. Der perfekte Hut ist wichtig!

...

Ich? Übertreiben? Niemals! Aber diese Auseinandersetzung in einer Babyfrage war vielleicht doch Haarspalterei:

Woche 36, Datum:_____

Woche

Meine Haarlänge:

Friseur, Besprechung, Abendessen: Vor dem Baby hatte ich Termine. Jetzt habe ich:

Trage all eure Haarpflegemittel (Bürsten, Shampoos, Festiger etc.) zusammen und benutze sie als Vordergrund für ein Familienfoto. Die Beteiligten dürfen sich natürlich auch gegenseitig kämmen.

Das Baby duftet nach:

Bei welchem Geruch hat das Baby die Nase gerümpft?

Welcher Geruch erinnert mich sofort an meine eigene Kindheit?

Diese Behauptung über Kinder halte ich für ein Gerücht:

a) „Kinder lieben Überraschungen." Na, vielleicht überrascht das Baby mich damit später noch?
b) „Solange sie Babys sind, kann man sie noch überallhin mitnehmen." In der Kneipe an der Ecke sehen sie das anders.
c) „Kinder geben alles zigfach zurück." Mein Baby rückt nicht mal sein Spielzeug heraus.

...

Woche

Ich dufte nach:

Ja, ja, ich weiß, Mütter werden nicht auf duftende Rosen gebettet. Aber das hier stinkt mir gerade gewaltig:

Lecker, eklig, viel zu oft in meiner Nase: Welche drei Gerüche benebeln meine Sinne?

1.

2.

3.

Ich wollte nie irgendwelchen Muff in meinem Leben. Womit sorge ich für ein angenehmeres Familienklima?

So oft hat das Baby heute versucht zu krabbeln:

🏆 Sagt einem ja auch keiner, dass Mütter zurück zum Zirkeltraining müssen! An welche Sportarten erinnern mich meine Bewegungen beim Aufräumen?

🏆 Zeit für den Medaillenspiegel: In welcher Situation habe ich kürzlich Sportsgeist bewiesen?

🏆 Was finde ich an meiner Familie manchmal zum Weglaufen?

Woche

So oft bin ich heute auf dem Boden gekrochen:

🏆 Wenn ich es mir frei aussuchen kann, ist meine liebste Fortbewegungsart

a) Tango. Zum Glück findet das Baby den Wiegeschritt auch ganz toll.
b) Dahingleiten im Paddelboot. Da darf Babys Vater mal das Ruder(n) übernehmen.
c) Wieso fortbewegen? Vereinzelte Fluchtgedanken sitze ich aus.

✏ ...

🏆 Unfallverhinderungssprints, Fairness, Beruf-Familie-Spagat oder ganz was anderes: Was ist meine größte sportliche Herausforderung als Mutter?

Babys Gewicht:

Das Baby ist schon längst kein Fliegengewicht mehr. Was hilft mir am besten gegen Rückenschmerzen?

Jetzt aber ran, ihr grauen Zellen: Was habe ich heute so alles gegessen?

Was liegt mir gerade ganz schön schwer im Magen?

Woche

Mein Gewicht:

Diese Kaloriensünden werde ich mir nächste Woche genehmigen:

a) Eis. Nein, Erdnüsse. Ach was: Schokolade. Na ja gut: eine bunte Tüte. Aber echt nur eine.
b) Ich lade mich bei meiner Mutter zum Essen ein und lasse mich überraschen.
c) Mir ist derzeit nach ganz anderen Sünden.

...

Bunt ist gesund! Welches Experiment beim Kochen (oder Bestellen) ist mir rundum gelungen?

Ein Blick in Mamas Trickkiste: Welche kleinen Hilfsmittel habe ich grad zum Fressen gern?

Vergleich der

Das sieht das Baby aus seinem Fenster sofort:

Wen aus meinem Freundeskreis habe ich in letzter Zeit ein bisschen übersehen?

Wofür bräuchte ich dringend mal ein Zeitfenster?

Die Aussicht auf dieses Ereignis macht mich schon jetzt vor Freude kribbelig:

So langsam entwickelt das Baby eine Art Benehmen! Über welche *meiner* Eigenheiten hat meine Mutter früher lässig hinweggesehen?

Woche 40, Datum:_____

Woche

Dies fesselt meinen Blick immer wieder:

Wobei hat Babys Vater eine tolle Weitsicht bewiesen?

Mache Bilder aus jedem eurer Fenster, füge sie zu einer Collage zusammen und markiere, welche deine liebste Aussicht ist und auf was das Baby schaut.

Babys Puls:

❤ Hier kann ich es stolz festhalten: Womit habe ich einer Freundin eine Freude gemacht?

❤ Ach du Schreck! In diesem Moment hätte ich beinahe einen Herzschlag gekriegt:

❤ Jetzt mal abgesehen von mir und dem Baby: Wofür schlägt das Herz von Babys Vater gerade?

Woche 41, Datum:_____

Woche

Mein Puls:

♥ Muttersein ist irgendwie ja auch Kreislauftraining. Womit beschleunigt das Baby im Moment meinen Puls?

♥ Das wirkt sehr beruhigend auf mich:

a) Musik. Solange sie nicht aus Spieluhren klimpert.
b) Grießbrei-Duft. Als Kindheitserinnerung, nicht beim Füttern, Mensch!
c) Tief durchatmen. Wenn ich dafür nicht grad mal wieder zu hibbelig bin.

✎ …

Babys Lieblingsspielzeug:

★ Welchen Teil meines Alltags empfinde ich als Kinderspiel?

★ Das Baby ist ein echter Spielverderber

a) wenn ich mit einer Freundin telefonieren will. Es gibt allerdings auch Anrufer, bei denen es abwimmeln hilft.
b) wenn es mal schnellgehen muss. Aber jeder Yogalehrer wäre dann stolz auf das Kind.
c) wenn ich es hübsch herausputzen will. Wie stehen eigentlich die Berufsaussichten für Kleckermeister?

✎ ...

★ So, jetzt mal losgetratscht: Wer ist der kindischste Kollege (oder Bekannte) derzeit?

Woche 42, Datum:_____

Woche

Mein Lieblingsspielzeug:

★ Was würde ich gerne mal wieder spielen?

★ Wann habe ich zum letzten Mal ein Spiel gespielt, ohne dass es mit Kindern zu tun hatte?

★ Kleines Ratespiel: Meine Schwiegermutter ist kein Klischee. Sie ist ...:

Das darf in Babys Reisetasche nie fehlen:

✈ Nicht ohne Notnagel! Damit bringe ich das Baby unterwegs garantiert zur Ruhe:

✈ Die Reise ins Mutterland war für mich bisher wie

a) eine Trekkingtour: einzigartige Eindrücke – und ganz schön holprig!
b) eine Butterfahrt: Man kann nicht raus und kriegt ganz viel aufgeschwatzt und macht es trotzdem noch mal.
c) ein Luxusurlaub: Die seltenen Momente der Ruhe waren der totale Luxus!

✏ ...

Woche 43, Datum:_____

Woche

Dies muss unbedingt in meinen Koffer:

✈ Welche drei Reiseziele möchte ich gern besuchen?

1.

2.

3.

✈ Ich bin dann mal weg! Bei wem kann ich das Baby zwischendurch gut unterbringen?

✈ Achtung, Urlaubs-Blues: Was ist das wirksamste Mittel, wenn mich Hüttenkoller oder Heimweh plagt?

Vergleich der

Womit das Baby sich am meisten bekleckert hat:

Genug ruiniert, du süßes Monster! Was muss außer Reichweite, wenn das Baby isst?

Au weia! Hier habe ich mich gegenüber meiner Familie nicht gerade mit Ruhm bekleckert:

Ach, immer diese vornehme Zurückhaltung. Was sollte ich einfach mal fallenlassen?

Woche 44, Datum:_____

Woche

Womit ich mich am meisten bekleckert habe:

Über welches Missgeschick aus der letzten Zeit konnte ich herzlich lachen?

Halte eine Esstischkatastrophe vom Baby fest – oder arrangiere bekleckerte Beweisstücke zu einem dramatischen Berg.

Babys Laute klingen wie:

♪ In diesen Momenten mache ich mich nur mit Lauten verständlich:

a) Wenn ich den Mund voll habe. Man soll doch dann nicht sprechen.
b) Wenn ich die Nase voll habe. Dann grumpfe ich nur noch vor mich hin.
c) Wenn ich voll bin. Sagt meine Freundin. Aber die trinkt.

✎ ...

♪ Que? Das kommt mir derzeit spanisch vor:

Woche 45, Datum:_____

Woche

Mein Gebrummel klingt wie:

♪ Klar, wir verstehen uns … meistens. In welchem Punkt verstehe ich Babys Vater einfach nicht?

♪ Okay: Zu welchem Thema werde ich ihm gegenüber diese Woche etwas verlauten lassen?

♪ In der Theorie klang es so einfach. Pah! Bei diesen drei Mama-Aufgaben habe ich zig Anläufe gebraucht (und zwar so viele):

1.

2.

3.

Was das Baby seit dieser Woche kann:

- Das musste doch für etwas gut sein! Welche meiner ganz persönlichen Fähigkeiten kann ich jetzt als Mutter richtig gut gebrauchen?

- Welches Können aus dem Mutterdasein nutzt mir umgekehrt anderswo (z. B. im Berufsleben)?

- Was sieht bei mir ganz gekonnt aus, ist aber in Wahrheit geschummelt?

Woche

Was ich diese Woche von ihm oder über es lernte:

Wenn ich eine Comic-Superkraft lernen dürfte, wäre das im Moment

a) na, Kraft halt – das Baby wird doch immer schwerer! Aber bitte nicht meinen Teint grün einfärben wie bei Hulk.
b) Fliegen. Dann würde ich erst mal aufräumen wie Superman – und zwar in meiner Welt!
c) Unsichtbar werden: Mal gucken, was die anderen alle „unbeobachtet“ so machen.

...

Überraschung! Wobei hätte ich nie gedacht, dass sich meine Eltern noch entwickeln oder ändern können?

Das erste Märchen das ich dem Baby erzähl(t)e:

Babys Vater erzählt mir Märchen, wenn

a) er spät dran ist. Hätte Aschenputtel mit einem Handy etwa Sperrstunden-Aufschub bekommen?
b) er etwas Wichtiges vergessen hat. Da könnte ich ihn an die Wand klatschen. Gut dass er kein Frosch ist!
c) er Fernweh bekommt. Als würden hinter den sieben Bergen Schätze auf uns warten.

...

Welche Geschichte möchte ich dem Baby mit auf den Weg geben, wenn es älter ist?

Woche 47, Datum:_____

Woche

An dieses Märchen glaube ich immer noch:

Na also, es geht doch! Was war ein märchenhaft schöner Moment mit der ganzen Familie?

Diese drei Gegenstände würde ich mir von einer Fee wünschen:

1.

2.

3.

Und wie komme ich da jetzt ohne Fee dran?

Babys Augenfarbe:

Jawohl, ich habe große Pläne! Drei Dinge, die ich in dieser Welt noch sehen möchte:

1.

2.

3.

Im Moment sehe ich mich als

a) halbes Huhn. Ich hab ein hübsches Nest, ich glucke gern, nur Würmer bringe ich nicht herunter.
b) falsche Häsin. Ich spitze die Ohren bei jedem Pieps vom Baby, aber Haken schlage ich nun wahrlich nicht.
c) Teilzeit-Löwin. Ich bin schön, stark und mutig. Besonders in diesem Moment ganz kurz vorm Einschlafen.

…

Woche 48, Datum:_____

Woche

Meine Augenfarbe:

Wofür öffne ich meine müden Augen sofort?

Stell die Kamera so auf, dass man sieht, wie du mit dem Baby zusammen auf etwas blickst, das für euch beide zurzeit besonders schön, interessant oder von Bedeutung ist. Ihr habt gar nichts gemeinsam? Dann mach zwei Fotos: Einmal schaut sich das Baby etwas an, einmal du.

Auf so viele Arten kann das Baby schreien:

Ich sage ja immer:

a) Shit happens! Besonders wenn ich am Wickeltisch stehe.
b) Das Leben ist kein Kindergeburtstag. Aber feiern muss man es trotzdem.
c) Es ist noch keine Mutter vom Himmel gefallen. Auch wenn man echt eine Engelsgeduld braucht.

...

Schauen wir mal auf die Uhr: Was war mein längstes Gespräch heute (und worum ging's)?

Woche 49, Datum:_____

Woch:

Auf so viele Arten kann ich sprechen:

Fernsehprogramm, Kinderkram, große Politik: Bei welchem Thema möchte ich immer ein Wörtchen mitreden?

„Hoppala! Da habe ich mich wohl im Ton vergriffen ..." Bei wem und womit ist mir das neulich passiert?

Hier habe ich ganz neue Töne von Babys Vater gehört:

Gekocht habe ich heute für das Baby:

Erwischt, ihr Supermamas! Hierbei habe ich zuletzt festgestellt, dass andere Mütter auch nur mit Wasser kochen:

Wenn das Baby einfach nur schlechte Laune hat

a) macht es das Huhn in der Pfanne verrückt. Also mich.
b) lasse ich es schmoren. Theoretisch jedenfalls.
c) backe ich einen Kuchen zum Trost. Für mich!

…

Woche 50, Datum:_____

Woche

Gekocht habe ich heute für mich:

Na ja, also, das ist eine lange Geschichte ... Bei welchen drei Babythemen rede ich oft um den heißen Brei?

1.

2.

3.

Ob im Restaurant, bei Muttern oder aus meiner Küche: Was ist mein aktuelles Leibgericht?

Manchmal fühle ich mich wie ein Spaghettitopf! Womit bringt mich derzeit jeder zum Kochen?

Babys erstes Wort war:

❤ Drei Dinge, über die ich gerne mal wieder sprechen würde:

1.

2.

3.

❤ Bei welchem Gespräch hatte ich das letzte Wort?

❤ Ich kann es gar nicht oft genug sagen! Mein Lieblingswort zurzeit ist:

Woche 51, Datum:_____

Woche

Mein erstes Wort war:

❤ Ooooh! Welches wirklich liebe Wort habe ich von Babys Vater gehört?

❤ *Wo bleiben die Komplimente eigentlich?*

❤ TV-Sendung, Moralfrage, Skandal: Wovon reden derzeit alle bei der Arbeit/draußen immer?

❤ Okay, auch das gehört wohl zum Muttersein: Welches Wort sollte im nächsten Gespräch mit meiner Mutter fallen (und warum)?

Diese Geschichte lese ich dem Baby am liebsten vor:

Mütter sollten Geschichte schreiben – und die Welt regieren. Ich habe nämlich den Schlüssel zum Zeitsparen entdeckt:

Wenn ich zum x-ten Mal dieselbe Geschichte lese,

a) kann ich sie auswendig. Soll ja gut fürs Hirn sein, das zu üben.
b) trage ich Kopfhörer. Dem Baby habe ich meine Vorlesung aufgenommen, und ich höre beim Abspielen Musik.
c) Ach, ist das dieselbe Geschichte wie gestern?

...

Woche 52, Datum:_____

Woche

Diese Geschichte fand ich als Kind am besten:

Wann hat mir eigentlich das letzte Mal jemand vorgelesen?

Stell ein Bild aus dem Lieblingsbuch des Babys so eindeutig wie möglich nach und gib dem Baby dabei auch eine Rolle. Vergiss nicht, das Buch dazuzulegen!

Herzlichen Glückwunsch! Dein Baby wird 1.

Ganz egal, was dir so alles schwierig und anstrengend vorkam, du hast es geschafft: Dein Baby hat noch alle Finger (mit denen es dir so langsam die Schränke ausräumen kann) ...

... und du hast immer noch alle Tassen im Schrank (es sei denn, das Baby kann schon dessen Tür aufmachen).

Wenn das kein Grund zum Feiern ist! Die letzte Frage in diesem Buch lautet deshalb:

Wie sieht dein „Ein Jahr Mama!"-Fest aus?

Und du auch ... in deiner Rolle als Mama!

❤ Ich lade euch ein ...

a) liebe Mütter aus meinem Umfeld,
b) meine engsten Freunde und Verwandte,
c) so viele Leute wie möglich
d) oder gerade diejenigen Freundinnen, die mich zu selten gesehen haben?

❤ ... zu ...

a) einem rauschenden Fest mit Musik und Mitbring-Essen,
b) einer kleinen Runde mit großer Torte,
c) einem Picknick mit Krabbelkindern
d) oder zum Frühstück im Bett?

❤ ... um mein erstes Jahr als Mama zu feiern mit:

a) einer Lesung mit Ausschnitten aus diesem Buch,
b) einem Tag als Königin (inklusive Krönchen für mich),
c) einer von Gästen organisierten Bildershow mit Momenten aus dem letzten Jahr
d) oder sollen meine Gäste lieber gleich Tipps fürs zweite Jahr aufschreiben und vortragen?

Über die Autorin

Petrina Engelke hat keine Kinder. Aber Freundinnen.

Ihr erstes Fragenbuch hat sie als kleines, selbstgebundenes Heft für eine Freundin geschrieben, die ein Baby bekam. Die wollte noch eins, also nicht noch ein Leben, sondern noch ein Buch und noch ein Baby (in umgekehrter Reihenfolge). Weitere Freundinnen folgten, sie erzählten von ihren Erfahrungen mit Baby und Buch-Ausfüllen – und daraus hat Petrina Engelke nun „Mama! Noch Fragen?“ gemacht.

Dass sie so viele Fragen im Kopf hat, ist kein Zufall: Petrina Engelke hat sich auf Interviews spezialisiert – sie lebt als freie Journalistin in New York.

8130863R00065

Printed in Great Britain
by Amazon.co.uk, Ltd.,
Marston Gate.